GIGI EN GUYANE

Dans les griffes des narcotrafiquants

LYNE LEBOURG

GIGI EN GUYANE

Dans les griffes des narcotrafiquants

LYNE LEBOURG

Propos recueillis par Pascal Delugeau
Écrivain-Conseil®

Récit autobiographique

La Méridiana

© 2022 Lyne Lebourg
Photo de couverture : Pixabay – Nile

Conception et réalisation :
Votre Plume 83,
Pascal Delugeau, Écrivain-Conseil® à Draguignan.

Édition : BoD – Books on Demand,
12/14 rond-point des Champs-Élysées, 75008 Paris.
Impression : BoD - Books on Demand,
Norderstedt, Allemagne.
ISBN : 9782322411252
Dépôt légal : janvier 2022

Le Code de la propriété intellectuelle interdit les copies ou les reproductions destinées à une utilisation collective. Toute représentation ou reproduction intégrale ou partielle faite par quelque procédé que ce soit, sans le consentement de l'auteur ou de ses ayants cause, est illicite et constitue une contrefaçon, aux termes des articles L.335-2 et suivants du Code de la propriété intellectuelle.

À mon fils Mickaël,
qui a eu le courage de se reconstruire.
Je t'aime mon fils.

À Louis, Brice et Romain, mes garçons,
je vous aime.

*Quand vous êtes sur le point d'abandonner,
souvenez-vous pourquoi vous avez commencé.*

Auteur inconnu

À L'AUBE DE CETTE HISTOIRE

L'histoire que je viens raconter ici est celle de mon fils Mickaël, infirmier de métier et très curieux de la vie, prêt à s'engager sans compter pour les causes qui lui tiennent à cœur.

Né le 23 mars 1965, Mickaël se montre très tôt un enfant actif, bon élève et très affectueux, tactile aussi. Pendant une longue période, il est scout de France et devient même chef de troupe. Sa spiritualité se nourrit de sa curiosité et s'enrichit de chacune de ses expériences.

Mickaël a 17 ans lorsque je découvre son homosexualité, une situation que j'accepte très vite, au contraire de son père pour qui ce fut plus difficile. En ce qui me concerne, il s'agit avant tout du bonheur de mon fils et, quel que soit son chemin pour l'atteindre, je ne saurais trop l'encourager à s'y engager. Je suis même prête à l'accompagner s'il devait rencontrer des difficultés.

En fin de parcours lycéen, il décroche son baccalauréat. Il conçoit alors un projet particulier, celui d'aller porter la bonne parole au Liban. Considérant qu'il est avant tout à l'âge du choix de vie professionnelle, je lui demande de se positionner face à son avenir. Le temps court, sans pouvoir rien concrétiser de ce point de vue là, et le voici parti faire son service militaire au sein de l'unité d'instruction et d'intervention de la sécurité civile n° 7, l'UIISC 7, à Brignoles.

Au cours d'une sortie sur le terrain, son véhicule, l'ambulance dont il est chef d'agrès, chute dans un ravin et Mickaël est grièvement blessé. Hospitalisé à Nice, il s'en sort malgré tout plutôt bien, avec cependant des séquelles qui compromettent ses projets de bénévolat au Liban.

S'inspirant sans doute de ma propre expérience, il se tourne alors vers une formation d'infirmier diplômé d'État. Alors qu'il est en troisième et dernière année, je divorce d'avec son père. Nous nous retrouvons dans un appartement à La Coupiagne, à La Valette-du-Var, moi, Mickaël et son frère Romain, alors âgé de 11 ans. Ce dernier vit mal la période difficile que nous traversons et Mickaël va beaucoup s'occuper de son petit frère et assumer en partie le rôle du père dont l'absence se fait sentir. Je ne peux que me satisfaire de ce comportement adorable tellement je suis occupée et préoccupée par les sollicitations du quotidien passablement alourdi par le fait que je travaille exclusivement de nuit.

1989, Mickaël a son diplôme d'infirmier en poche et part travailler à Marseille, à l'hôpital de la Conception. Il s'investit dans le SMUR, s'engage avec Médecins sans frontières et assure comme bénévole des maraudes avec Les Amis de Jéricho, une association toulonnaise qui offre tous les services d'urgence pour les personnes en grande précarité ou souffrant d'exclusion.

Au cours d'une de ses tournées de soins infirmiers à domicile, à Marseille, Mickaël se prend d'affection pour une petite femelle chihuahua à poil ras que ne supporte pas sa maîtresse un peu acariâtre et qui la maltraite. La chienne court souvent se réfugier sous les meubles d'où la vilaine tente de l'en déloger avec le manche d'un balai. Devant cette souffrance, Mickaël convainc la méchante femme de lui donner la chienne malheureuse. Très vite, il s'attache à elle et ils finissent par devenir inséparables. Gigi est sur les genoux de Mickaël pendant les repas, elle dort avec lui. Leur relation est quasi fusionnelle. Ce petit chien donne toute son affection à mon fils et celui-ci la lui rend bien.

Les années s'écoulent, heureuses, chacun dans la famille se réjouit de la tournure qu'a prise la vie de Mickaël. Et pourtant…

Un déménagement radical

2001, Mickaël habite un appartement en haut de la Canebière. Quelques accrocs dans le paiement de son loyer le conduisent à devoir chercher à se loger ailleurs. Nous trouvons un magnifique point de chute, un appartement dans le centre de la ville, dans un quartier entièrement réhabilité, du côté de la Bourse. Un vaste et magnifique escalier dessert les logements, un de ces escaliers où l'on s'imagine des chevaliers des siècles passés combattre l'épée à la main au milieu de cliquetis de métal et d'éclairs d'acier, dans de grandes envolées de capes armoriées.

Le jour prévu, nous nous lançons dans le déménagement. Mickaël est entouré de quelques amis venus lui donner un coup de main, quelques anciens compagnons très sympathiques qui me considèrent un peu comme leur mère. Nous sommes en confiance. Il faut dire que, avec deux garçons homosexuels, je suis plutôt ouverte d'esprit. Leurs amis le savent et ça facilite grandement les relations. Moi, je suis accompagnée d'une poignée de bonnes volontés pour aider à la manœuvre, les frères de Mickaël, Jérôme, l'ami de mon neveu Nicolas, et mon compagnon. L'ambiance est très joyeuse, certainement du fait de ce changement imposé qui remet en cause la vie courante. Il s'agit quand même de mettre en place une nouvelle situation pour vivre au quotidien. Alors, chacun y met du sien et ça profite à la bonne humeur largement partagée. C'est aussi l'occasion de faire du vide. Un piano quelque peu délabré finit à la déchetterie, non sans émettre ses dernières notes lors de sa chute dans la benne, une sorte d'ultime cri de désespoir lancé au monde cruel qui scelle ainsi son destin.

Une douzaine de jours passent, sans que, chose surprenante et contraire à son habitude, Mickaël me contacte une seule fois. Enfin, le téléphone sonne, c'est lui qui m'appelle. Tout de go, il m'annonce :

— Maman, je mets les clés de l'appartement dans la boîte aux lettres, je te laisse le contrat de location pour que tu rendes le logement à ma place. Je pars demain matin en Guyane, j'ai rencontré un ami. »

Pourquoi ne suis-je pas étonnée par ce comportement ? Parce que c'est bien celui de mon fils, fidèle à lui-même. Il ne me reste plus qu'à suivre ses directives.

Il faut déménager à nouveau, se débarrasser d'une partie des affaires de Mickaël, stocker l'autre, dont les meubles, dans la maison de mes parents. Cette fois, nous sommes moins nombreux pour la manutention. Jérôme a de nouveau répondu présent. Ensemble, nous remplissons les cartons, chargeons le camion loué pour l'occasion.

Les premières nouvelles que je reçois de Mickaël sont rassurantes, il m'affirme que tout va bien, qu'il est très heureux avec son nouvel ami et je le crois bien volontiers. Le poste de surveillant général au service des urgences de l'hôpital de Saint-Laurent-du-Maroni, qu'il a pu négocier et obtenir avant son départ, lui convient parfaitement bien.

Dans les semaines qui suivent, nos échanges reprennent leur rythme et s'adaptent à la distance qui nous sépare désormais. Le téléphone et quelques échanges en vidéo complètent les lettres que nous nous écrivons.

Tant et si bien qu'au bout de quelques mois, je décide d'aller le voir dans ce département français situé de l'autre côté de l'Atlantique.

Premier voyage en Guyane

Ce premier voyage en Guyane est l'occasion de nombreuses visites. J'ai tout à découvrir dans cet univers si différent de ce que j'ai pu connaître auparavant.

C'est bien sûr à l'aéroport de Cayenne que je touche le sol guyanais pour la première fois. Dans l'avion, j'ai voyagé avec le fils d'une surveillante de l'hôpital où travaille Mickaël. Nous avons fait connaissance et à l'arrivée, où nos proches nous attendent, les présentations des uns aux autres sont assez pittoresques.

Le nouvel ami de Mickaël, Antoine, est un garçon très gentil, d'un grand calme. Instituteur, il est en poste sur place. C'est d'ailleurs ce qui a motivé le départ de mon fils. Ce jeune homme me reçoit très bien.

Mickaël habite une jolie maison de style colonial, très grande, non loin du Maroni qu'elle surplombe. En face, de l'autre côté du fleuve se trouve le Suriname. Tout autour de la bâtisse, le vaste terrain est fait de pelouse et quelques palmiers parsèment cet espace, le tout très bien entretenu. Au loin, enfin, pas si loin que ça tout compte fait, la forêt amazonienne. De grands arbres. Immenses. Un océan de verdure. Peuplé de paresseux, ces singes réputés pour la lenteur de leurs déplacements. Un spectacle fascinant auquel, bien évidemment, je n'étais ni habituée ni préparée. Et dont je ne me lasse pas.

Le premier soir, dans la chambre qui m'est affectée, je vois une moustiquaire. À quoi bon ? me dis-je. C'est oublier un peu vite le coin où je suis et la ribambelle d'insectes et autres bestioles qu'on y trouve. Je fais donc l'impasse sur le tulle protecteur pour cette première nuit. Jusqu'à ce que je sois réveillée par des craquements. Presque imperceptibles, mais des craquements quand même. Des souris ? Le lendemain, je m'inquiète de la question et montre ma surprise. Certes, il n'y a pas de chat dans cette maison, mais il y a tout de même deux beaux chiens, deux magnifiques dobermans, très gentils, Math et Matique — un peu d'humour, s'il vous plaît —, qui devraient faire fuir ces rongeurs perturbateurs de nos nuits ! Devant mon questionnement, Mickaël et Antoine me mettent au parfum. Ce ne sont pas des souris que j'ai entendues, mais une matoutou, une énorme araignée pleine de poils, dont la fréquentation n'est absolument pas dangereuse, mais demeure effrayante quand même. Il paraît même que ces bestioles se domestiquent aisément. Sans doute. D'ailleurs, mon fils m'en montre une morte et punaisée dans un joli cadre, comme une œuvre d'art ! Quelle horreur ! Un monstre, oui ! Le soir même, avant de me coucher, je suis à quatre pattes à inspecter sous mon lit et, au moment de me glisser dans les draps, je prends bien soin de border de tous côtés la moustiquaire que je dénigrais vingt-quatre heures à peine auparavant !

Un grand perron permet d'accéder à la maison de Mickaël. Gigi a l'habitude de se placer en haut des marches, dominant alors les deux dobermans, assis en bas. Dans ses autres manies, ce petit chien joue de temps à autre avec une matoutou de passage.

Ne connaissant pas ce territoire ni sa forêt amazonienne, je fais des bêtises. En sortant de chez Mickaël pour aller me promener dans les alentours, j'emprunte le chemin qui monte et passe au-dessus d'une emprise militaire puis d'un quartier habité par une population à majorité bushinenguée, des descendants d'esclaves africains en fuite, amenés au Suriname pour travailler dans les plantations. Je poursuis et m'aventure un peu trop en dehors de Saint-Laurent. Je m'engage, sans savoir où je mets les pieds, dans la *selva*. Je sens tout de suite que je viens de pénétrer dans un univers hostile. L'air est plus lourd d'une moiteur étouffante, les odeurs sont fortes, celle de l'humus domine les autres. La pénombre règne dans cet univers protégé par une canopée puissante et infranchissable par les rayons du soleil. Les bruits sont impressionnants, leur fureur, leur ampleur, leur stridence me terrorisent. Non, ma place n'est pas ici, ce n'est pas un lieu de promenade, du moins pour moi. Fort heureusement, en faisant demi-tour, je retrouve aussitôt l'itinéraire pour fuir cet enfer vert et décider inconsciemment de n'y jamais retourner de cette manière.

De nouvelles visites complètent ma connaissance de la Guyane. Saint-Laurent-du-Maroni est l'une des villes emblématiques du bagne guyanais. Je découvre cet univers d'un autre temps au travers des vestiges d'une administration pénitentiaire omniprésente.

C'est aussi une sous-préfecture de la Guyane, une ville qui compte près de quarante mille habitants répartis sur l'ensemble de son vaste territoire.

De Kourou, je prends le bateau qui assure la liaison avec les îles du Salut, elles aussi emblématiques de ce bagne aboli définitivement en 1938. Royale d'abord, l'île la plus importante, où se trouvaient les bâtiments de l'incontournable administration pénitentiaire et en particulier l'hôpital animé à l'époque par des religieuses. Derrière cet hôpital, en contrebas, presque au bord de l'océan, se trouve un cimetière où l'on inhumait les enfants des surveillants. Le spectacle est là aussi surprenant : au sol, ces petites tombes émouvantes et, au-dessus d'elles, dans les arbres, une multitude de petits singes qui se chamaillent sans cesse tout en donnant l'impression d'être des émanations de ces enfants défunts.

Comme au terme de tous les voyages viennent le moment du retour et le brin de nostalgie qui l'accompagne bien souvent. Je suis heureuse d'avoir découvert le nouvel univers de mon fils dans lequel j'ai eu plaisir à le voir vivre à son aise et regrette déjà de ne pas lui avoir consacré plus de temps. Au fond de moi, je me fais la promesse de revenir dès que possible.

Des vacances en métropole

Peu de temps après mon retour, Mickaël fait le voyage en métropole pour y passer ses congés. Il est accompagné d'Antoine et de Gigi, bien entendu. Quel bonheur de les retrouver et de revoir mon fils ! Je lui trouve bien meilleure mine qu'à son départ de Marseille et je m'en réjouis. Il était très nerveux à cette époque-là, sa santé m'inquiétait quelque peu. Sans doute l'anxiété due au changement qui s'annonçait. Le voici plus épanoui et resplendissant.

Quand je vais les chercher à l'aéroport de Marseille, Mickaël transporte en plus de leurs valises un carton assez important et bien fermé par du ruban adhésif. Au travers des baies vitrées, je les aperçois se diriger vers l'accueil douanier et il me semble sentir une certaine appréhension chez mon fils, son regard balaie les alentours comme en proie à une certaine inquiétude. Tout se passe bien, les formalités terminées, nous gagnons ensemble la maison familiale. Là, Mickaël m'annonce que ce carton va être récupéré par des gens de Toulouse. Ce ne sont que des affaires oubliées en Guyane et le voyage est l'occasion de les apporter à leurs propriétaires. Je n'en saurai jamais rien de plus.

Ils passent une huitaine de jours entre Hyères et Marseille, où ils se rendent avec ma voiture pour visiter quelques-uns de leurs amis. L'ambiance est bonne, le séjour agréable. Mickaël retrouve sa grand-mère qu'il adore et qui le lui rend bien, ainsi que l'endroit où il a grandi, la maison du Mont Soleil si chère à nos cœurs.

Mon papa, Normand d'origine, était pâtissier à Hyères. Sa réputation le classait parmi les meilleurs de la ville. Le fruit de son travail lui a permis de faire construire en 1960 cette belle demeure, celle de ses rêves. C'est la maison de toute une vie, avec ses bonheurs et ses malheurs. Mon père est décédé en 1987. Ma mère avait alors 72 ans.

La maison de mes parents est une maison familiale à plusieurs titres. D'abord, elle est grande, établie sur deux étages au-dessus d'un vaste rez-de-chaussée. C'est d'ailleurs là, dans ce rez-de-chaussée, que j'habite.

Mes enfants ont toujours connu cette maison, ils y ont d'ailleurs fait leurs premiers pas. Mon aîné a même failli chuter du haut de la terrasse, laquelle n'était pas encore terminée puisqu'il lui manquait justement un garde-corps pour éviter tout accident de ce genre.

Comme ses frères, Mickaël y a passé une grande partie de sa jeunesse auprès de ses grands-parents.

C'est l'occasion de rassembler la famille, son père, ses frères et ses cousins et cousines. Le temps s'y prête, il fait beau, il fait bon, nous profitons de la grande terrasse pour partager de joyeux repas.

Le temps passe trop vite dans ces cas-là. Les huit jours sont déjà derrière nous et voici le moment de repartir. Avec toujours cette nostalgie qui s'empare de moi au moment de la séparation.

Deuxième voyage en Guyane

Lors de mon premier séjour, j'ai pris contact avec ce territoire. Mes visites m'ont permis de placer quelques repères, ceux nécessaires pour passer à l'étape suivante.

La vie à Saint-Laurent-du-Maroni, dans ce département d'outremer, ressemble sans doute à celle qu'on trouve dans tous les endroits où des personnes vivent loin de leurs racines. Les métropolitains, qu'on appelle aussi dans certaines contrées des expatriés, savent se retrouver pour donner à leur quotidien un peu de la saveur de leur terre d'origine.

Partager des habitudes leur est nécessaire pour entretenir le souvenir de ce qu'ils retrouveront un jour, d'une manière ou d'une autre. La plupart de ces personnes ne sont ici que pour une durée limitée, avec, au bout du chemin, un retour en métropole d'ores et déjà programmé.

La communauté métropolitaine est constituée en grande partie de gendarmes, de personnel soignant, dont des infirmiers et des médecins, et d'enseignants. On se retrouve pour passer des soirées, une fois chez l'un, une fois chez l'autre. La gastronomie est souvent locale et je découvre des mets exotiques que j'apprécie beaucoup. Au menu de la cuisine locale, on déguste beaucoup de poissons, des acoupas rouges cuits dans des feuilles de bananiers par exemple, et aussi des frites et du poulet rôti.

Ces réunions sont l'occasion pour chacun de raconter son travail, les plaisirs et les vicissitudes de celui-ci. Comme son nom l'indique, Saint-Laurent-du-Maroni est situé sur les bords de ce fleuve majestueux, lequel marque la frontière entre cette terre française et le Suriname, sur la rive opposée. Les gendarmes font souvent état des soucis que pose ce pays voisin. La drogue et son trafic sont un fléau qui déborde sans beaucoup de difficultés ni d'entraves en territoire français. Là-bas, de l'autre côté du fleuve, les hôpitaux sont loin d'égaler ceux qu'on trouve en Guyane et notamment à Saint-Laurent. On imagine les traversées effectuées dans le seul but de profiter de cette manne. Jusqu'aux femmes enceintes, sur le point d'accoucher, qu'on place sur une pirogue poussée vers la France. Notre pays est connu pour ne pas refuser son aide aux personnes en détresse. Alors on hospitalise sans faillir et l'on soigne sans ambages. En marge de ces conversations d'ordre général, les médecins qui côtoient Mickaël se disent satisfaits de son travail, ce qui n'est pas sans me procurer un vif plaisir. Il semble que la confiance se soit installée dans cet environnement professionnel. De leur côté, les gendarmes que j'ai rencontrés sont très heureux de leurs relations avec mon fils.

Cependant, la tournure que prend ce séjour ne me plaît pas. Une certaine tension est apparue dans le couple de Mickaël. Une nuit, j'entends des disputes entre eux. Mickaël finit par sortir de la maison. Au petit matin, nous le trouvons allongé à même le sol, recroquevillé sur lui-même dans l'herbe devant la maison, juste au-dessus d'un nid de fourmis rouges. Il est dans un état lamentable. Sa serviette de plage gît à quelques pas de lui, sur le chemin. J'ai le sentiment d'un grand désarroi chez mon fils.

Voici huit jours que je suis arrivée et je n'ai désormais qu'une envie, c'est de repartir. J'essaie de négocier mon billet d'avion pour avancer la date du départ. Tout ce qu'on me propose, c'est d'acheter un nouveau billet à un prix exorbitant. Non, je ne peux accepter de dépenser autant de cette manière. Il me vient alors une idée. Je propose à Mickaël que nous passions ensemble les six jours restants, à visiter le pays, en passant d'un hôtel à un restaurant pour satisfaire nos besoins d'hébergement et d'alimentation. Mickaël accepte et nous organisons notre programme. Gigi est confiée à une pension pour animaux où elle sera tranquille pendant que nous vivrons un peu au jour le jour ces moments particuliers. Mickaël connaît bien la dame qui tient l'établissement et c'est en toute confiance qu'il lui laisse sa chienne adorée.

Le premier jour, nous faisons route vers Cayenne. Dès notre arrivée, nous nous promenons dans les rues de la ville, à la découverte de ses attraits qui demeurent très exotiques pour moi. Mickaël est très proche de moi, protecteur même. Sans en avoir conscience dans l'instant, il semble vraiment vouloir me protéger d'un danger qu'il a clairement identifié sans m'en faire part, sans doute pour ne pas m'alarmer. Le soir venu, nous dînons simplement dans l'un des petits restaurants cayennais, avant de gagner notre hôtel tout aussi simple, vers 23 heures, pour y passer une nuit paisible dans notre chambre double et nous remettre en condition pour affronter le jour suivant. Mickaël semble avoir du mal à trouver le sommeil. Il quitte même la chambre à 3 heures, au beau milieu de la nuit, en catimini. Au bout d'un quart d'heure, je m'inquiète de ne pas le voir revenir. Je sors alors de la chambre pour me rendre sur le balcon, lequel donne, du haut de notre troisième étage, sur la piscine plantée au centre du bâtiment. De mon observatoire qui surplombe le décor, j'aperçois mon fils sur un transat, en conversation avec un autre homme. La pénombre ne me permet pas de discerner les traits de ce dernier ni de deviner ce qu'il se passe. Je note toutefois un échange entre eux, quelque chose qui passe d'une main à l'autre, ce qui m'inquiète confusément, car je suis loin d'imaginer ce dont il s'agit en réalité. Mickaël rentre en catimini dans la chambre et se recouche. Je me rendors.

Le deuxième jour, de retour à l'ouest de la Guyane, nous traversons le Maroni pour aller visiter les Amérindiens, découvrir leurs villages et leur artisanat. Je profite de l'occasion pour acheter des souvenirs à mes trois autres fils et je choisis des sculptures en bois de serpent représentant des caïmans d'une soixantaine de centimètres de long. D'ailleurs, ces objets me vaudront une frayeur à mon retour en métropole puisque la douane interceptera ma valise à Paris, suspectant un trafic d'animaux empaillés. J'aurai droit à la traversée de l'aéroport de Marseille, où l'on a fini par acheminer mon bagage, encadrée par deux gendarmes, avant d'en repartir lavée de tout soupçon. Fort heureusement, la présence des graines ramassées sur la plage de Kourou n'a pas été décelée et je les ai toujours en ma possession sur la table de mon salon.

Cette excursion nous prend la journée, laquelle se déroule agréablement. Le soir, nous choisissons de passer la nuit à Saint-Laurent-du-Maroni pour être à pied d'œuvre tôt le lendemain matin afin de remonter le fleuve en pirogue. Il s'agit aussi d'éviter toute tension qui résulterait d'un retour chez Mickaël et de la rencontre de son ami. Une rencontre qui se produit malgré les précautions prises puisque, à l'heure du dîner, nous nous retrouvons à la terrasse du même restaurant, Mickaël et moi à une table, Antoine et des amies institutrices à une autre. Après un échange de pure courtoisie, ce dernier reste en retrait et préserve ainsi la relative quiétude de cette belle soirée équatoriale. J'apprécie ce comportement que je juge raisonnable et adapté aux circonstances.

Le troisième jour, nous embarquons dans l'une de ces immenses pirogues à la proue décorée de dessins très colorés, d'impressionnants entrelacs appelés *tembé* aux motifs évoquant la forêt, le fleuve et l'homme, les trois composantes de la vie locale en quelque sorte. Ces embarcations servent à tout : transport de personnes, c'est notre cas ce jour-là, de marchandises aussi variées que des bouteilles de gaz ou des outils agricoles sommaires, du courrier, etc. En fait, ces pirogues sont les navettes indispensables aux échanges tout au long du fleuve au profit de ses riverains. Il y en a autant sur les autres cours d'eau d'importance du département et pour les mêmes raisons.

Nous arrivons à Maripasoula, la commune la plus étendue de France avec ses dix-huit mille kilomètres carrés et cependant l'une des moins densément peuplées. Nous sommes accueillis chaleureusement, nous déjeunons assis à même le sol, de plats traditionnels à base de cacahuètes et de manioc, dont nous découvrons la culture l'après-midi même. Au menu figure aussi un poisson cuit au court-bouillon, le blaff, accompagné de coquillages, le tout pêché dans le fleuve. Au cours de ce périple fluvial, nous rencontrons des gendarmes convoyant des orpailleurs saisis en flagrant délit de recherche d'or au détriment de la nature environnante.

La journée a été longue et pourtant, nous poursuivons notre périple jusqu'à l'embouchure du Maroni où l'on trouve de grandes et belles plages. À cet endroit viennent pondre les fameuses tortues Luths. Un guide du parc nous explique les mesures d'observation et de préservation mises en place tout récemment. Depuis quelques dizaines de minutes me semble-t-il, Mickaël est tendu, fermé, passablement nerveux. Il ne participe plus aux conversations, sa curiosité semble éteinte. J'évite tout ce qui pourrait constituer une forme de contrariété. Jusqu'à ce qu'il s'éloigne de nous et gagne un village amérindien situé à quelque trois cents mètres de notre position. Son absence dure près de deux heures. Je me garde de me rendre au milieu des carbets pour m'enquérir de lui. J'attends patiemment. Mickaël finit par revenir, apaisé, prêt à renouer avec moi et son entourage. Qu'a-t-il fait pendant tout ce temps ? Je ne l'apprendrai que bien plus tard.

En ce quatrième jour de notre escapade, nous prenons le bateau à Kourou pour nous rendre aux îles du Salut que j'ai découvertes lors de mon premier séjour. Il faut dire que ces trois îles constituent un centre d'intérêt indéniable pour qui veut découvrir ce département riche en histoire, pénitentiaire notamment. De Royale, l'île principale, nous admirons l'île du Diable où fut interné le capitaine Dreyfus. Avant de nous rendre à Saint-Joseph où se trouvaient les réclusions, les geôles les plus dures du bagne, celles qu'on voit si bien restituées dans le film *Papillon*, avec Steeve McQueen et Dustin Hoffman. La végétation est luxuriante, ce qui n'était pas le cas alors que le bagne était en activité. Nous arpentons les chemins de l'île, ceux qui la traversent et celui qui en fait le tour. Avant de regagner le continent.

Non loin de Kourou, à Iracoubo, nous visitons la chapelle Saint-Joseph, joliment décorée au XIXe siècle par un bagnard originaire de Clermont-Ferrand, Pierre Huguet. Ce dernier, supposé être marchand de tableaux, fut condamné en 1889 à vingt ans de bagne et à la relégation pour avoir cumulé abus de confiance, faux en écritures, tentative d'escroquerie et port illégal de décorations.

À Kourou, nous visitons le centre d'archéologie amérindienne. Mickaël me guide et je suis ravie de le trouver aussi ouvert, intéressant et communicatif, aussi attentif à faire profiter sa mère de la visite. Dans l'inévitable boutique de souvenirs, il me conseille d'acheter ceci ou cela à rapporter et offrir à mon retour. Nous sommes en communion, c'est un vrai bonheur.

Ce jour-là, une fusée Ariane va être lancée. On imagine difficilement le branle-bas de combat qu'un tel événement peut représenter. Tous les alentours, au sol, dans les airs et aussi en mer, font l'objet d'une intense surveillance. Toute personne se trouvant dans un rayon de vingt kilomètres autour du centre spatial guyanais est évacuée en dehors de ce périmètre de sécurité. Le plafond est bas et la brume ne permet pas de profiter pleinement du spectacle de ce tir. Auparavant, nous avons eu droit à toutes sortes d'explications de la part des ingénieurs, dans une salle de conférence du CSG. Ce qui nous permet, le moment venu, de comprendre les différents épisodes de ce lancement. Effectivement, les flammes qui jaillissent de la fosse située sous la fusée sont impressionnantes ! On nous a expliqué que leur ampleur était atténuée par une sorte de noyage de cette fosse à l'aide d'une immense réserve d'eau contenue dans un réservoir situé à trois kilomètres du pas de tir.

Nous ne sommes pas très bien placés pour assister à ce départ, mais nous sommes quand même impressionnés. Autour de nous, quelques personnes, évacuées pour la plupart, attendent aussi cet événement somme toute exceptionnel. Un grand silence dure et dure encore, quand soudainement un grondement sourd envahit l'air, de majestueuses lueurs illuminent le paysage, et l'on voit s'élever, doucement, presque prudemment une petite tache sombre poussée par un filament de lumière. On croit que la fusée va monter tout droit dans le ciel, avant de constater que sa trajectoire s'infléchit vers l'horizon. L'ambiance est irréelle, le monde vient d'entrer dans une autre dimension. Du moins est-ce l'impression que j'ai alors. Au bout de quelques instants, des acclamations jaillissent de toutes parts. Mickaël est de la partie et sa joie se mêle à celles des autres, à la mienne aussi, doublée par le fait de pouvoir partager toute cette émotion avec lui.

Le cinquième jour, nous retournons à Cayenne où nous passons notre temps à baguenauder dans les rues de la vieille ville. Construite à partir du XVIIe siècle, celle-ci marie des influences françaises, antillaises et brésiliennes. Des maisons de style créole, aux charmantes couleurs tropicales, sont implantées auprès des vestiges du fort colonial français de Cépérou qui, du sommet de la colline, surplombe la rivière de Cayenne. Je suis impressionnée par le nombre de boutiques tenues par des Chinois. J'y fais quelques achats et nous profitons des cafés qui bordent la principale artère commerciale, l'avenue du général de Gaulle. Nous rencontrons des amis de Mickaël, des hospitaliers notamment. Le soir, nous dormons sur place puisque, le lendemain, je prends mon avion pour la France à l'aéroport de Cayenne.

Le jour du départ, Mickaël m'accompagne à l'aéroport. Il me paraît tendu et prend cependant le temps de patienter à mes côtés. J'ai le sentiment qu'il veille sur moi et qu'il est prêt à me protéger. De quoi ? Je l'ignore. Nous échangeons peu et pourtant suffisamment pour ne pas alourdir l'ambiance.

Après le décollage, je suis assaillie par un flot de sentiments divers, parfois contradictoires. Il me semble que Mickaël est soulagé de me voir partir. Dans le même temps, je suis inquiète. Il va rentrer chez lui, où j'ai noté l'existence de fortes tensions avec son ami : j'en ai eu le témoignage à plusieurs reprises. Je le sais en difficulté de ce côté-là, et aussi, je l'ai vu amaigri, un signe qui ne trompe pas une mère. Ce que je ne sais pas encore, c'est la cause majeure de son état. Ou si je le sais, je n'ose y croire…

QUAND TOUT BASCULE

De retour en métropole, mon inquiétude perdure. Sans pouvoir mettre de mots sur mes appréhensions, j'ai le sentiment que tous ces indices que j'ai pu noter sont la manifestation d'une grande souffrance chez Mickaël, mais sans plus me permettre d'y voir suffisamment clair.

Une semaine après mon retour, Marie, une amie très proche de Mickaël, m'appelle. Elle est également infirmière à l'hôpital et j'ai fait sa connaissance à Saint-Laurent. Elle est en pleurs et manifeste sa colère à mon égard.

Voici cinq jours que Mickaël ne s'est pas présenté à son travail et sa voiture, si facile à reconnaître, une Renault 5 bleue, circule dans la ville, avec, au volant, des dealers notoires. Marie finit par se calmer quelque peu, avant de m'avouer qu'avec quelques amis proches de mon fils, ils pensent que celui-ci est séquestré quelque part dans le quartier chinois, bien connu pour son trafic de drogue. Elle me confie aussi qu'Antoine partage son inquiétude. Dans ses propos, elle me reproche de n'avoir pas vu l'état dans lequel était mon fils alors même que j'avais passé plusieurs jours avec lui et rien qu'avec lui. Comment lui dire que Mickaël avait bien donné le change ? En ai-je même conscience, là, maintenant ? Une chose est sûre : ces nouvelles me sidèrent, l'émotion m'envahit. Qu'arrive-t-il à mon enfant ? Quel danger que je ne parviens pas à imaginer peut-il le guetter ?

Aussitôt après avoir raccroché avec elle, j'appelle Romain, mon plus jeune fils, pour l'informer de cette situation critique et aussi lui confier mon désarroi, dans l'espoir de trouver auprès de lui un peu de réconfort et l'aide nécessaire pour sortir Mickaël de là. Même si j'ai encore beaucoup de mal à comprendre ce dont il retourne. Il est 14 heures, heure de la métropole — le décalage horaire est de cinq heures, quand il est 10 heures à Hyères, il est 5 heures à Saint-Laurent —, je rejoins Romain chez lui à La Moutonne, à quelques kilomètres de mon domicile, et nous essayons de faire le point ensemble, toujours sous le coup d'une vive émotion. La seule question qui résulte de notre échange et qui importe maintenant est : que faire de si loin ?

Surgie je ne sais comment du fond de ma mémoire, me revient alors une conversation autour d'un café avec une amie, Édith. Son compagnon, Robert, est un juge à la retraite très investi dans l'aide aux personnes en détresse à l'étranger, lorsque celles-ci se retrouvent en prison après avoir été mêlées à une histoire de trafic de drogue. Pour faciliter leur prise en charge, la défense de leurs droits et leur rapatriement quand c'est possible, il collabore avec des avocats et des spécialistes de ces affaires particulières. Il met à disposition des parents son expertise, très largement reconnue dans ce domaine. Quand on sait le sort terrible que certains pays réservent aux étrangers dans ces circonstances, on imagine qu'il doit avoir fort à faire et qu'il n'est certainement pas à la veille de raccrocher. J'appelle mon amie et lui demande de me confirmer ce dont je me souviens, ce qu'elle fait bien volontiers. Édith ajoute que je peux et même que je dois me confier à ce monsieur, qu'il est bienveillant et très efficace. Elle me donne son numéro de téléphone, que je compose sans plus attendre. Le juge Robert décroche, le contact est établi.

Sans détour et en prenant le temps nécessaire, il m'expose le contexte dans lequel s'inscrit l'aventure de mon fils et me livre son analyse de la situation. Au bout de trois quarts d'heure de conversation, il me dit qu'il doit réfléchir aux éléments que j'ai pu lui livrer et qu'il va me rappeler dans deux heures. Je retiens surtout que Mickaël doit être aux prises avec un cartel de la drogue et que sa situation doit être considérée comme grave. Ces mots ont percuté mon esprit, je prends subitement conscience de la situation. Tout s'assemble dans mes pensées, les signaux d'alerte prennent sens et, enfin, j'y vois clair. Commence ma descente aux enfers…

Est-ce le moment de me laisser aller à mes émotions ? Non, surtout pas, et pourtant ! Heureusement, Romain est à mes côtés. Il n'en laisse rien paraître, et pourtant je devine, je sais qu'il partage mon angoisse.

À 16 heures, nous décrochons le téléphone à l'appel du juge Robert, lequel nous communique ses directives avec des mots choisis et sur un ton ferme et sûr de lui. Plus de doute : cet homme connaît son affaire et ce constat nous met en confiance. La première action qu'il nous conseille de mener est de localiser Mickaël avec l'aide de la gendarmerie locale. À nous de trouver le moyen de décider les forces de l'ordre. Une fois sa position connue, il faudra ensuite l'extraire du quartier chinois le plus discrètement possible pour éviter toute action de rétorsion de la part des membres du cartel. Les gendarmes savent conduire ce genre d'opération. Le feront-ils ?

Chez Romain, nous nous sommes installés dans son salon qui lui sert aussi de bureau, nous disposons là des moyens de communication nécessaires, dont l'internet et le fax. Nos correspondants sont équipés de téléphones portables, ce qui va favoriser la réactivité et l'interaction en temps réel. Notre dispositif ressemble très vite à un poste de commandement d'une opération militaire, une sorte de centre opérationnel comme disent aussi les pompiers.

J'appelle aussitôt les gendarmes connus lors de mon premier voyage. Leur accueil est chaleureux et j'en ai bien besoin. Très vite, ils prennent la mesure de la situation et m'expliquent qu'en l'état, ils ne peuvent rien faire. Je sens leur réticence : à l'évidence, aller se frotter au milieu de la drogue, dans le quartier qu'ils savent être le plus dangereux de la ville, ça ne semble pas les emballer. Ils préfèrent sans doute passer leur temps à gérer les situations conflictuelles liées à la proximité de la frontière et les tentatives de pénétration des étrangers qui n'ont qu'un objectif : profiter de la manne française.

Je me montre insistante, menaçante même, et, le ton montant, je promets de prendre l'avion sur le champ et de venir les bousculer jusque dans leurs fauteuils trop confortables. Enfin, bref, j'invoque tout ce qui me passe par la tête et finis par les convaincre de bouger. Ils me disent que, pour provoquer une action de leur part, il leur faudrait une plainte contre Mickaël. De cette manière, ils pourraient entamer une enquête et surtout, une recherche en vue de le localiser.

Bien sûr, la Loi reste la Loi et ils sont tenus de l'observer. Mes contacts sont désormais convaincus qu'il faut agir, et vite. Ils me suggèrent de demander à Antoine de déposer cette plainte en invoquant un motif quelconque, le vol d'un chéquier ou la destruction de quelques meubles par exemple.

Antoine joue le jeu et porte plainte contre son compagnon. Les gendarmes ont maintenant la légitimité nécessaire pour se mettre en ordre de bataille. Ils se lancent alors à la recherche de Mickaël, qu'ils localisent assez facilement. Ce dernier est détenu dans une masure du quartier chinois, à moins d'un kilomètre de la gendarmerie. Une personne, à la solde du dealer à l'origine de la séquestration de mon fils, veille sur lui. Ils le trouvent dans un état de maigreur terrible, pieds nus, la bave au coin de la bouche en permanence. D'évidence, il est en manque. Ils l'extraient de ce taudis et de l'emprise du cartel. Ils le conduisent dans leurs locaux et le placent en garde à vue. Mickaël est agité et désorienté, incohérent dans ses rares propos et dans ses gestes.

Ils m'appellent alors pour m'informer de l'évolution de la situation et de l'obligation qui leur est faite de le relâcher au bout de trois heures, la plainte n'étant pas suffisamment grave pour justifier de le retenir plus longtemps. Nous avons fait un pas, il nous faut faire le suivant. Mais lequel ? Et comment ? J'imagine mon enfant amaigri, presque nu et souffrant dans sa chair comme dans son esprit. D'ailleurs, qu'en est-il de son esprit ? Les heures et les minutes s'égrènent vite et me laissent cependant le temps d'endurer l'ignorance et l'impuissance qui sont les miennes. Agir, s'occuper, parler avec Romain, quitte à ressasser les mêmes paroles, comme chercher une île sur ce Maroni monstrueux, pour aborder et souffler un peu, et espérer beaucoup.

Laissant un instant de côté mes pensées et mes émotions, j'appelle le juge Robert pour lui transmettre ces informations. Une étape vient d'être franchie. Selon lui, il ne faut plus relâcher Mickaël dans la nature, sinon les dealers vont lui remettre la main dessus et nous ne le reverrons plus : un coup de pirogue, d'un côté ou de l'autre du fleuve, c'est si facile. Il me conseille d'intervenir dès la sortie de la garde à vue. Avec Romain, nous voici désemparés. Comment faire pour éviter que Mickaël ne soit repris par les Chinois qui le cherchent déjà ? Qui pourrait nous aider ? Les amis de Mickaël, sans doute. Nous contactons alors deux médecins urgentistes, Gaétan et Bruno, et un ambulancier, Thibaud, avec lesquels il travaille et qui comptent au nombre de ses amis. Tout comme les gendarmes, je les ai rencontrés lors de mes deux voyages. Les belles et longues soirées passées ensemble ont favorisé une connaissance mutuelle, comme un gage de confiance, et ils m'écoutent attentivement. Ils sont tout à fait prêts à nous aider. Ils se proposent de surveiller la sortie de Mickaël de la gendarmerie, ce qui est assez facile puisque les urgences sont situées juste en face. L'équipe se met en place et commence l'observation, chacun a bien noté le besoin d'être le plus discret possible.

Vient le moment où Mickaël sort des locaux de la gendarmerie. À peine dehors, le voici qui part en courant, hagard et toujours pieds nus. Les trois amis le poursuivent et le rattrapent sans problème. Mickaël se débat, tente de leur échapper, mais ils finissent par le maîtriser en douceur. Ils ont peine à reconnaître leur ami tellement celui-ci est amaigri, dans un état de déchéance physique pitoyable. Ils l'enferment promptement dans une ambulance apprêtée pour l'accueillir et l'un d'entre eux lui administre un puissant sédatif. Il sera plus facile de le tenir tranquille de cette manière et, de toute façon, ça ne peut que bénéficier à l'amélioration de son état.

Admettre Mickaël aux urgences, là où il est infirmier, ce serait prendre le risque de le discréditer aux yeux de ses collègues et de sa hiérarchie et de ternir passablement et sans doute irrémédiablement sa carrière. Le véhicule est garé à proximité des urgences, il peut être surveillé en permanence par les compères tout en leur permettant de vaquer à leurs occupations comme si de rien n'était. En effet, il s'agit encore et toujours de ne pas éveiller l'intérêt et encore moins les soupçons : les dealers doivent toujours être en quête de ce témoin de leurs activités devenu gênant et qu'ils envisageaient — je l'apprendrai plus tard — d'évacuer vers le Suriname pour le supprimer une fois là-bas.

Nos amis de l'hôpital nous appellent pour nous tenir informés de la situation et surtout pour demander ce qu'ils doivent faire désormais. Ils confirment ce que nous craignions : la fuite de Mickaël est connue du cartel et une chasse à l'homme est en cours pour lui mettre la main dessus. Le jeu se resserre, toujours plus dangereux et hasardeux, et plus que jamais, la discrétion reste de mise.

Le seul qui peut m'éclairer sur la suite à donner, c'est le juge Robert, que j'appelle et que j'informe de l'évolution de la situation. Il me dit que la meilleure solution pour protéger Mickaël du cartel et de lui-même réside en une hospitalisation à chaud, à la demande d'un tiers selon la terminologie officielle. Pour cela, il va falloir constituer un dossier pour demander et obtenir l'autorisation indispensable. Parmi les documents nécessaires, nous devrons fournir deux certificats médicaux, distincts bien sûr. Le point d'entrée administratif, en Guyane, c'est la préfecture. Le décalage horaire joue en notre faveur : là-bas, c'est le début de l'après-midi, les services sont ouverts et j'y accède facilement. Le temps de rassembler les papiers et de les faxer… Il ne reste plus qu'à attendre. Encore… Puis à trouver l'établissement qui pourra accueillir mon fils.

Pendant tout ce temps, Vincent, le compagnon de Romain s'est discrètement effacé pour nous laisser le champ libre. Il me semble qu'il veille sur nous en nous apportant à boire, de l'eau et du café, et de quoi nous restaurer. Grignoter plutôt que manger. D'ailleurs, avons-nous faim ? Je ne sais plus.

De retour vers l'équipe médicale qui entoure et veille sur Mickaël, je livre les dernières informations. Les médecins mettent en place un plan d'urgence, lequel commence par un transfert en toute discrétion vers le seul hôpital psychiatrique du territoire guyanais. Celui-ci se trouve au chef-lieu du département, à Cayenne, à près de deux cent cinquante kilomètres de Saint-Laurent, soit trois bonnes heures de route. Le transport doit ressembler aux transports habituels, et emprunter l'itinéraire habituel aux heures habituelles. Rien ne doit laisser supposer ce qu'il se passe en réalité.

Pendant ce temps, les échanges avec la préfecture se poursuivent. Nous avons la conviction que l'affaire est prise très au sérieux par les services de l'État : les questions posées pour compléter l'analyse de la situation sont pertinentes et nous laissent espérer une issue favorable. Nos neurones se démènent pour identifier tout ce qui pourrait faciliter la prise de décision.

Vers 21 heures, l'autorisation préfectorale est enfin donnée et l'ambulance quitte Saint-Laurent avec à son bord Gaétan et Thibaud. Nous sommes régulièrement tenus au courant de leur progression et du fait que Mickaël supporte le voyage, toujours plongé dans un sommeil artificiel. Le préfet, que j'ai eu au téléphone compte tenu de la tournure des événements et de la complexité de la situation, m'a avoué que, d'une certaine manière, j'ai de la chance que ça se passe en Guyane. Il en aurait été tout autrement en métropole.

Peu avant 2 heures du matin, toujours à l'heure de la métropole, Mickaël est admis à l'hôpital de Cayenne en service de psychiatrie : il est enfin à l'abri, en lieu sûr, et bénéficie d'une prise en charge médicale adaptée. Romain et moi nous nous effondrons dans les bras l'un de l'autre, nous voici enfin soulagés, et ce soulagement se traduit par des larmes. Sont-elles de joie ? Je ne sais pas. Juste un flot qui se déverse après avoir été tant contenu…

Il s'est écoulé une douzaine d'heures entre l'appel de Marie, l'infirmière et amie de Mickaël, et le moment où, enfin, mon fils s'est retrouvé en sécurité. Douze heures d'une intensité folle, d'une tension comme jamais je n'en avais connu, comme je n'en ai plus connu depuis d'ailleurs, fort heureusement. Romain et moi pouvons enfin souffler. Nous tombons dans les bras l'un de l'autre et nos larmes évacuent le trop-plein de charge émotionnelle. Sans doute doit-il en être de même pour nos amis de l'autre côté de l'Atlantique.

Certes, il reste beaucoup à faire. Demain — qui a déjà commencé — sera un autre jour.

L'ÉVASION

La nuit a été courte. Romain travaille dès 6 heures. Quant à moi, j'entre déjà dans une nouvelle phase.

Je reçois des nouvelles de Mickaël de la part du psychiatre qui s'occupe de lui. Et j'en recevrai tous les jours à venir. Mickaël est très perturbé, incohérent et refuse toute alimentation et tout soin d'hygiène. Les infirmières le lavent contre son gré, mais son état ne lui permet pas de manifester une opposition significative. Pour éviter tout geste malencontreux, il est placé dans une chambre sécurisée dont la fenêtre ne peut être ouverte et il est surveillé en permanence. Bien sûr, on lui administre un traitement médicamenteux de nature à l'apaiser.

Au bout du sixième jour, Mickaël est toujours très en colère, notamment contre moi. Il refuse encore de communiquer. Le septième jour, il accepte, enfin, d'être accompagné au réfectoire et de s'asseoir parmi les autres malades pour tenter de prendre un repas.

Le préfet a été très clair : la durée de l'internement en psychiatrie ne pourra excéder douze jours. Au terme de ce délai, l'hôpital devra le rendre à sa vie, si j'ose dire, puisqu'il est certain que les dealers sont toujours à sa recherche pour l'éliminer. Il faut donc imaginer ce qu'il est possible de faire pour éviter que Mickaël ne se retrouve dans la nature, livré à son sort.

Toujours en contact avec le juge Robert, à deux nous nous interrogeons sur la manière d'envisager la période qui ne va pas tarder à s'imposer. Faire sortir Mickaël par la grande porte c'est-à-dire au vu et au su de tout le monde n'est d'évidence pas la solution à retenir. Le cartel aurait tôt fait de lui mettre le grappin dessus et le pire serait à craindre. Il n'y a pas d'alternative : je dois aller récupérer moi-même mon fils à l'hôpital et le ramener en métropole.

Mon conseiller insiste sur le fait qu'en me rendant sur place, je vais m'exposer et me mettre moi-même en danger. Je risque à mon tour d'être une cible pour les gens du cartel. Puisqu'ils ne peuvent atteindre Mickaël, ils vont chercher à se servir de moi. Pour me préparer à l'action, il continue à me délivrer ses précieux conseils et déroule à mes oreilles les heures que je m'apprête à vivre, étape par étape, seule et sans soutien direct. Je suis très concentrée et j'enregistre chacune de ses paroles, je m'imagine en situation et comprends sans ambiguïté les pièges à éviter et les astuces à utiliser.

Le moment est venu pour moi de prendre le premier vol disponible pour la Guyane dans l'intention de récupérer mon fils et de le ramener en métropole. Un aller et retour en quarante-huit heures. Pour financer cette opération, je rassemble toutes mes économies et ma mère m'offre de quoi boucler mon budget, parfaitement consciente de l'enjeu. Il me faut trois billets d'avion : un aller et deux retours, ces derniers en classe affaires pour plus de sécurité. Une fortune à mon échelle… Je profite d'une manne provenant du remboursement d'un bateau que j'avais acheté quelque temps auparavant, pour cause de malversation lors de la transaction. Mon bateau ? Touché coulé !…

Je prépare mon bagage, des plus légers pour ce qui me concerne. L'essentiel est ce dont Mickaël va avoir besoin : costume, chemise, cravate, chaussures, la mise passe-partout pour se fondre dans le décor et ne pas attirer l'attention. Il n'est pas question qu'il sorte dans la rue et encore moins à l'aéroport vêtu d'une tenue d'hôpital. Je ne sais pas si, sur place, son compagnon pourra me fournir ces vêtements, alors j'anticipe. Ceux qui en ont après nous sont en observation, ce sont des prédateurs à la recherche du moindre indice pour déceler la présence de leur proie.

Me voici à l'aéroport, je m'enregistre, passe la sécurité et embarque. Le vol comporte une escale. Dans le maelström de ce départ, j'avoue être quelque peu perturbée. Un signe ? Alors que je suis persuadée que cette escale est prévue en Martinique, voici que nous atterrissons en Guadeloupe. Tant mieux dans un sens, puisque je connais un peu ce territoire. Je prends sans plus attendre un taxi-hôtel pour Saint-François. Dès à présent, je suis sur le qui-vive, suivant en cela les conseils de mon sauveur : se méfier de chaque personne de mon entourage, même celle à l'apparence la plus anodine.

Bien installée dans le confort rassurant de l'hôtel, j'en profite pour me détendre et faire quelques longueurs dans la piscine de l'établissement. Je n'avais pas envisagé ce temps d'attente entre deux avions et je me réjouis de ce que m'offre l'établissement pour en faciliter la digestion. Je parviens à ne pas trop souffrir de ce stress qui ne me quitte pas depuis bien avant mon départ. J'en profite pour me remémorer la description de ce qui m'attend et des conseils délivrés par le juge Robert. Une sorte de séance de sophrologie.

Au petit matin, je quitte ce havre de paix relative pour reprendre mon périple hasardeux. Me voici dans l'avion à destination de Cayenne. Quand nous nous poserons et que je mettrai le pied sur la terre guyanaise, je serai à la porte de la tanière du loup. Toujours seule.

Plus que jamais, je prends garde aux gens autour de moi, je conserve une certaine distance et jauge chaque apparence, bien consciente que celle d'un ange peut être la plus dangereuse. Ne pas adresser la parole, ne pas s'attarder sur une mine patibulaire non plus. Ne pas attirer l'attention sur ma modeste personne dont les gestes sont marqués par un niveau de stress terrible.

Il est 11 heures locales, il y a peu de monde autour de moi quand, ma valise à la main, je sors de l'aéroport de Cayenne. La consigne est de ne pas répondre aux services qu'on me proposerait *spontanément*, de ne rien accepter de solution de transport notamment. Je dois décider par moi-même, choisir le taxi qui m'amènera à l'hôpital.

Non loin de la sortie du bâtiment, sur le parking situé en face, j'aperçois une dame coiffée d'un beau chapeau et occupée à déguster ce qu'il me semble être une pâtisserie. Je me dirige vers elle, et, chemin faisant, mon regard la scanne pour évaluer son degré de dangerosité. La tartelette a disparu quand j'arrive à sa hauteur. Rassurée par les résultats de mon analyse empirique qui n'ont rien révélé d'inquiétant, je lui demande de bien vouloir me conduire à l'hôpital. Volontairement, j'omets le qualificatif *psychiatrique*. Le juge Robert m'a en effet indiqué que si j'apportais cette précision, il y avait de fortes chances pour qu'on ne veuille pas me déposer ailleurs qu'à la porte du vaste complexe hospitalier, bien loin de l'endroit où je souhaite me rendre au plus tôt, et surtout, en toute discrétion. Si je dois marcher ainsi exposée, je deviens vulnérable.

Cette femme accède à ma demande et nous embarquons dans sa voiture. Tout en nous installant et le temps de parcourir les premières centaines de mètres, elle s'enquière des raisons qui me conduisent à vouloir me rendre à l'hôpital. À partir de cet instant, je suis dans le mensonge puisque, tout en avouant que je viens voir mon fils hospitalisé ici, je cache qu'il a été admis dans le service de psychiatrie. Je lui confie que je viens le chercher pour le ramener en métropole dès ce soir, au départ du vol de 17 h 30. Pour justifier ma démarche, j'avance que Mickaël souffre de problèmes gastriques qui nécessitent une prise en charge chirurgicale dans un service spécialisé qu'on ne trouve pas en Guyane.

Avec une bienveillance que j'apprécie, cette dame, qui m'inspire désormais un minimum de confiance, me dépose à l'entrée du pavillon où se trouve Mickaël. Au culot je lui demande de bien vouloir venir me chercher moi et mon fils au même endroit, à 15 heures, pour nous ramener à l'aéroport. Sans hésiter, elle accepte. Avant de lui régler la course, je lui en demande le coût. Elle m'annonce trente euros. Je lui en tends cent pour m'assurer de sa parole et me garantir de sa présence ici à l'heure dite. En toute incertitude, bien évidemment. Il est 11 heures 30 en ce neuvième jour de l'hospitalisation de Mickaël.

J'entre dans le bâtiment. Mickaël est dans sa chambre. Très facilement, je rencontre son médecin. Celle-ci convient que, puisque Mickaël est beaucoup plus calme, qu'il mange et qu'il accepte de me rencontrer, il semble donc pertinent d'envisager sa sortie. Depuis vingt-quatre heures, elle a commencé à le préparer à franchir ce pas, en le convainquant qu'il serait mieux pour lui de rentrer en métropole, auprès de sa famille pour poursuivre les soins. Mickaël a bien intégré ces propos, me dit-elle, il est prêt au voyage. C'est pour moi une excellente nouvelle, rien ne me permettait d'envisager que les événements allaient se présenter aussi bien. Tout n'est pas gagné, loin de là, mais le consentement de Mickaël est un élément essentiel, indispensable à la réussite de mon projet.

Il est midi. La doctoresse m'invite à déjeuner à sa table en compagnie de Mickaël et de deux autres patients. Elle m'explique que ces personnes vont jouer, sans le savoir bien sûr, le rôle de repères, car il s'agit de permettre, dans l'esprit de mon fils, la transition entre son univers actuel et l'inconnu qui l'attend. Mickaël accepte que je l'embrasse, même si son regard reste noir, empli de colère. Le médecin précise cependant qu'elle ne pourra autoriser la sortie aujourd'hui. Selon elle, même si tout semble bien se passer, il est encore un peu tôt et peu prudent de brusquer les choses. Se douterait-elle de mon projet ? Je me pose la question.

J'étais préparée à ce cas de figure. À l'aéroport, j'ai laissé ma valise à la consigne et n'ai conservé avec moi que le sac contenant les affaires de Mickaël. D'évidence, en le regardant dans sa chemise d'hospitalisé, c'était une bonne idée que de lui apporter de quoi ne pas se faire remarquer en dehors du complexe hospitalier ni au cours du voyage qui nous attend.

J'essaie malgré tout de négocier la sortie de mon fils, sans succès. Mickaël part se reposer pendant une heure, il en a bien besoin.

De mon côté, j'évalue la situation et décide d'extraire Mickaël en fraude. Il est 13 heures 30 quand j'entre dans sa chambre pour le lui expliquer. En préambule, je lui dresse un tableau agréable de la situation qui l'attend, le bien qu'il peut espérer à être pris en charge en métropole, à retrouver l'amour de son petit frère, de sa grand-mère et de tous ceux qui l'attendent avec impatience, etc.

Il est temps de passer à l'action. Je vais au-devant du médecin pour lui demander la possibilité de faire une promenade dans le parc avec mon fils, après lui avoir passé un pantalon et une chemise pour le rendre présentable. Elle accepte. Je lui demande également si Mickaël a un traitement médicamenteux particulier à la prise duquel il faudrait veiller. C'est le cas et la prochaine fois qu'il doit absorber des comprimés est programmée à 14 heures 30. Je les prends, constate qu'il s'agit d'un cocktail de calmants et les glisse dans le sac contenant les affaires de Mickaël avec l'intention d'attendre avant de les lui administrer. En tant qu'infirmière, je pense pouvoir gérer la situation. Je compte gagner du temps avant la prochaine prise, la repousser le plus tard possible, à moins qu'une crise, s'il y en a une, ne survienne avant.

De retour dans la chambre, je sors du sac ses vêtements et aide Mickaël à s'habiller. Il est 14 heures 15 quand nous quittons le pavillon. J'ai à la main le sac avec le reste des effets pour donner à mon fils l'allure la plus normale possible. Dans ma tête, tout s'enchaîne sans anicroche. Le temps passe et l'heure du taxi approche.

15 heures. La dame est là, à la porte et nous attend dans sa voiture. Parfait. Trente mètres à franchir à pied, à l'abri des regards, puisque la disposition des lieux le permet. Ce n'est pas calculé, mais ça reste bien pratique. Quand elle voit Mickaël arriver avec son

haricot[1] sous le menton, elle se signe. Les gens sont très croyants par ici, et voir mon fils baver, dans un état physique délabré a dû très probablement lui faire penser à une possession diabolique. Nous chargeons le sac et nous montons dans la voiture. Elle propose de nous déposer non loin de l'entrée principale de l'hôpital pour effectuer les formalités de départ. Je décline son offre prétextant que le nécessaire a déjà été fait. Nous prenons donc aussitôt la route de l'aéroport.

Nous sommes désormais en fuite puisque nous avons quitté l'hôpital de manière frauduleuse. Sur les conseils du juge Robert bien entendu. Effectuer une sortie dans les règles aurait été suicidaire, les antennes de nos ennemis doivent traîner un peu partout... Dans l'aéroport, je suis scrupuleusement les conseils du juge : je choisis un coin discret

---

[1] Petite bassine en forme de haricot utilisée dans le milieu médical.

pour attendre l'embarquement et j'évite du mieux possible le moindre contact.

Entretemps, j'avais appelé Antoine pour lui demander de me fournir les papiers de Mickaël. Très posé et conscient de ce qui se trame, il a sauté dans sa voiture et a tracé entre Saint-Laurent et Cayenne. À 16 heures, il nous rejoint à l'aéroport avec un ami et me remet non seulement les papiers de mon fils, mais aussi ses bagages dans quatre valises que je m'empresse d'aller enregistrer. Il apporte aussi Gigi, ce qui a pour effet de tranquilliser Mickaël. Ce dernier n'a pas de réaction particulière en voyant Antoine, il répond par oui ou par non aux questions qu'on lui pose, la tête baissée, en retrait. Il finit par manger un peu et continue à se montrer très calme. Tant mieux.

Toujours le plus discrètement possible, je finis de procéder aux formalités d'embarquement. La file est longue pour ce vol. Il n'y en a qu'un ou deux par jour, ce qui explique l'affluence. Tout ce monde n'est pas fait pour me rassurer et en même temps, je me sens noyée dans la foule et presque à l'abri au milieu de tous ces gens comme nous sur le départ.

Subitement, j'ai la bonne idée de me rendre au bureau des hôtesses et de leur expliquer que mon fils est malade, qu'il doit être opéré d'un grave problème gastrique dès notre arrivée à Paris, etc., enfin, le même bobard que j'ai servi à la dame au taxi puis au psychiatre. J'insiste sur le fait qu'il est très fatigué, alors on met à sa disposition un fauteuil roulant. Il est donc assis, toujours dans un état qui fait peur, bien qu'habillé relativement classe et très propre. Ses vêtements flottent un peu tout de même, comme s'ils n'étaient pas les siens. Mickaël bave tranquillement dans son haricot et tout le monde est persuadé qu'il s'agit là des séquelles du problème gastrique que j'ai inventé.

Une hôtesse m'invite à me glisser dans la file d'attente que je redoute un peu. Jusqu'à ce que je brandisse mes billets… En classe affaires, c'est tout différent ! Le tapis rouge, que personne ne voit sauf moi, est bien là et nous allons embarquer en priorité. J'ai payé cher, certes, mais je ne regrette pas cet argent ! Trois personnes nous prennent en charge, Mickaël, moi, Gigi et nos bagages à main.

Tout se déroule bien, et nous voici devant la porte pour traverser le tarmac et rejoindre l'avion. Mickaël semble conscient de ce qu'il se passe et de l'imminence de notre retour en métropole. Il en paraît même apaisé, toujours en retrait cependant. De mon côté, le niveau de stress est encore élevé et pourtant, j'ai pleinement conscience de maîtriser la situation. Je suis aux aguets, pas tranquille c'est évident. Nous montons les premiers et prenons place dans l'avion. Il faut malgré tout du temps pour tout ça et le départ est retardé d'une demi-heure, ce qui nous vaut d'entendre quelques ronchonnements de la part des autres passagers.

Nous sommes donc en classe affaires et Gigi est sous l'un de nos sièges. Elle est trop petite et il fait trop froid dans la soute de l'appareil pour la faire voyager de cette manière. Pour nous souhaiter la bienvenue, on nous sert une flûte de champagne. C'est la première fois que je bénéficie de ce traitement à bord d'un avion !

Nous volons depuis une heure et Mickaël n'a toujours pas pris son traitement. Je me lève et demande aux hôtesses à voir le commandant de bord. J'estime qu'il est temps de prévenir ce brave homme de la réalité de la situation. Il me semble préférable de tout lui avouer pour éviter qu'une crise surprenne l'équipage. Une fois mis au courant, le personnel de bord sera plus à même de réagir correctement. De toute manière, l'avion ne va pas faire demi-tour pour me ramener à Cayenne.

On me conduit à un monsieur coiffé d'une belle casquette et je lui sers tranquillement mon histoire. Sans plus rien cacher du caractère psychiatrique de l'affection de Mickaël. J'évoque bien entendu ma botte secrète, le traitement qu'il me reste à lui administrer le moment venu. La réaction du commandant de bord était prévisible, je n'y avais d'ailleurs pas beaucoup pensé. Je comprends bien qu'il puisse être agacé d'être ainsi pris au piège : il est quand même le seul maître à bord après Dieu. Enfin, je ne sais pas si c'est bien comme ça qu'on explique qu'il est celui qui endosse toutes les responsabilités dans cet appareil. Nous sommes quand même à quelques dizaines de milliers de pieds au-dessus de l'Atlantique. Autrement dit, au milieu de nulle part. Il s'offusque à juste titre, ce à quoi je rétorque qu'il est désormais trop tard pour rebrousser chemin.

Il donne des consignes aux hôtesses, ces dernières devant dorénavant satisfaire mes exigences. Nous convenons de l'heure à laquelle je donnerai ses comprimés à Mickaël, en calculant le temps écoulé depuis la dernière prise, celui restant à courir avant d'atterrir, etc. On nous sert un repas inattendu : des cailles sur canapé. Un beau décalage entre la réalité de notre situation et les usages aéronautiques.

Gigi ne pipe pas un mot dans sa cage de transport où elle a de quoi manger et boire tout au long de ce voyage de plusieurs heures. Mickaël la sort de temps à autre pour la prendre avec lui. Les hôtesses ne sont pas trop ravies de voir ce tout petit chien en liberté, même si elle reste sur les genoux de son maître. Le chien apprécie et l'échange entre l'animal et mon fils apaise ce dernier. 22 heures 30 : comme prévu, je donne son traitement à Mickaël. Les lumières sont atténuées, il s'assoupit. Dans son veston, il a ses papiers et son carnet de chèques. C'est aussi un conseil du juge, pour le cas où il viendrait à se retrouver seul et désemparé.

Une heure du matin, le voici qui se réveille. Il a dans l'idée d'aller déranger les hôtesses pour faire quelques achats en *duty free*. Ces dernières ont pour consigne d'obtempérer, ce qu'elles font de mauvaise grâce, c'est évident. Elles déballent alors des parfums et Mickaël en choisit beaucoup, ainsi qu'un ours en peluche arborant fièrement la marque de la compagnie, Air France. Il a l'intention de me l'offrir. Pour régler ses courses, il fait un chèque et claque une somme folle de cette manière. Mais ce n'est pas le moment de le contrarier…

À notre arrivée à Roissy, alors que l'appareil s'est immobilisé sur le tarmac, un douanier monte à bord et vient à notre rencontre. Les hôtesses nous demandent de le suivre et de quitter l'avion. Dans le même temps, elles enjoignent aux autres passagers de rester assis et d'attendre le signal pour se préparer à débarquer à leur tour. En me dirigeant vers la porte, j'entends râler derrière moi les impatients. Ils pestent non seulement parce que le vol a pris du retard à cause de nous, mais qu'en plus, toujours par notre faute, ils doivent encore attendre avant de débarquer.

Nous descendons l'escalier, encadrés par un gendarme, le douanier venu nous chercher et un de ses collègues. Ce traitement de faveur est dû au fait que j'ai dévoilé la vraie nature du problème de mon fils. Parce que c'est un problème psychiatrique, notre escorte nous conduit en dehors des chemins habituels qu'empruntent tous les autres passagers. Nous suivons de longs couloirs, parfois nous cheminons à l'extérieur et nous nous retrouvons à embarquer directement dans un avion pour Hyères. Je comprends que ce n'est pas celui que nous aurions dû prendre. J'ai l'impression que tout est fait pour se débarrasser de nous au plus tôt. Qu'importe ! Mickaël est docile, Gigi aussi, les bagages sont transférés sans souci. Et nous voilà partis pour le second trajet dans les airs avec une demi-heure d'avance sur l'horaire prévu.

Le vol est direct. Nous nous posons enfin à l'aéroport de Hyères. À notre arrivée, de nouveau nous débarquons avant tout le monde.

Mickaël reconnaît l'endroit, les pins, la mer, les odeurs peut-être aussi. Là, les effets de son traitement s'estompent, il s'agite soudain et menace de prendre ses bagages, qu'il commence à bousculer, pour repartir en Guyane, avec Gigi bien sûr. J'ai les plus grandes difficultés à le maîtriser. Pour tenter de l'apaiser, je lui donne quelque chose à manger. Sans plus attendre, je pousse Mickaël, Gigi et nos bagages vers le parking de l'aéroport où j'ai pris soin de laisser ma voiture.

Romain et son ami nous attendent. Son frère est catastrophé de constater l'état de Mickaël. Il le prend en charge, tente de le calmer et ses paroles sont à peine suffisantes pour l'apaiser, juste ce qu'il faut pour atteindre le parking où est garée ma voiture. Je charge les bagages, Mickaël et Gigi prennent place, nous quittons l'aéroport et quelques minutes plus tard, nous sommes à la maison du Mont Soleil.

Nous couchons Mickaël et nous devons maintenant chercher et trouver les médicaments nécessaires pour poursuivre le traitement, qu'il faudra sans doute ajuster dans les jours suivants. J'appelle la psychiatre de Cayenne pour lui raconter notre aventure. Elle fulmine au téléphone et m'invective avec, cependant, quelque retenue. Pourquoi ne pas lui avoir fait confiance ? demande-t-elle. Bien sûr, je la comprends et elle le sent. Par chance une fois encore, nous étions en Guyane et aucune plainte pour enlèvement n'a été déposée, aucun signalement n'a été porté à la connaissance des autorités. Elle découvre avec stupeur le contexte dans lequel s'est déroulée cette évasion et aussi le fait que, dès le début, quelques-uns de ses confrères de Saint-Laurent, qu'elle connaît bien, étaient de mèche. Elle finit par me donner les noms des médicaments à administrer et la posologie à respecter. Par précaution, j'avais prévenu mon médecin traitant de l'aventure que je m'apprêtais à tenter et lui avais dit que j'aurais sans doute besoin de ses services à mon arrivée. Il va désormais pouvoir se rendre utile et nous établir l'ordonnance nécessaire pour récupérer au plus vite ces médicaments.

Mickaël est à la maison, avec nous. C'est l'essentiel.

Le temps du sevrage

Après notre retour de Guyane, Romain et moi passons trois jours à observer Mickaël. L'état de manque est terrible. Il est très nerveux, son regard est noir et plein de colère. Volontairement, nous le laissons en short et T-shirt, pieds nus et sans disposer d'autres vêtements ni de chaussures, encore moins d'argent ou de papiers d'identité. Il s'agit de nous assurer qu'il ne prendra pas la fuite, ou du moins, qu'il n'osera pas le faire dans cet état.

Nous le savons impulsif, les expériences de ses départs sans prévenir de l'époque qui a précédé son installation en Guyane sont encore présentes dans nos esprits. Depuis qu'il avait pris son indépendance, Mickaël venait souvent de Marseille au Mont Soleil. Pour profiter d'un repos, il y passait une ou plusieurs nuits, suivant le cas. Insensiblement, il n'est plus venu qu'une journée, arrivé le matin, reparti en fin d'après-midi. Puis ses visites s'espacèrent. Et finirent par ne durer que deux ou trois heures tout au plus, avant de tourner talon et partir à pied prendre un bus ou un train pour, peut-être, rentrer chez lui.

Ma mère et moi acceptions cette situation, que nous mettions sur le compte de l'emploi du temps chargé de Mickaël : il avait ses occupations et nous accordait malgré tout un peu de son temps dont nous nous contentions. L'avenir m'apprendra qu'il se shootait déjà à cette époque-là et que son comportement était le résultat de cette addiction.

Durant ces quelques jours, nous nous posons la question de savoir quelle sera la prochaine étape et comment procéder. Bien évidemment, nous sommes entrés dans une phase de sevrage et l'on sait combien celle-ci est difficile, non seulement pour la personne qui va apprendre à se passer de drogue, mais aussi pour celles de son entourage qui l'accompagnent. Nous cherchons la solution la plus adaptée à la situation et nous nous employons à fouiller parmi les informations disponibles.

Il ressort de nos recherches que le centre d'addictologie de l'hôpital de jour de Hyères est l'établissement dont nous avons besoin. Après les formalités d'usage, promptement bouclées, Mickaël y est admis.

Pendant deux mois, du lundi au vendredi, je l'accompagne le matin à l'hôpital La Lézardière et le récupère au même endroit en fin d'après-midi. Pendant la journée, il est pris en charge par le médecin et l'équipe de psychologues qui s'occupent de lui. Très vite, j'apprends que mon fils se montre jovial et participe grandement à la bonne ambiance du service. Le fait qu'il soit infirmier de métier doit lui profiter, du moins est-ce l'impression que nous avons quand nous constatons avec quelle bienveillance et quelle attention on s'occupe de lui.

Le reste du temps, Mickaël le passe à la maison du Mont Soleil où la vie est particulièrement tendue. Ma mère et moi sommes les personnes qu'il côtoie au quotidien. Romain et Vincent viennent une fois par semaine environ passer un moment et partager un repas. Le père de mes enfants passe lui aussi de temps à autre, ses visites sont appréciées de tous. Mon ex-mari est très présent auprès de son fils, et de nous également. Depuis notre divorce houleux en 1986, nous avons appris à vivre en bonne intelligence. Dans cet esprit, il vient régulièrement déjeuner ou passer deux jours, l'occasion de moments où je ne suis plus seule sous le regard de Mickaël.

Chaque jour, le défi consiste à déterminer le menu, à choisir les plats que Mickaël va bien vouloir absorber. Il est habitué à une cuisine exotique et épicée, faite de poissons marinés, de poulets grillés et d'une grande quantité de fruits. Il a quelques difficultés à retrouver mes plats inspirés de ma culture gastronomique normande. Il me faut adapter mes recettes pour les rendre compatibles avec son goût. Une des conséquences immédiates est que ma mère trouve un peu relevée ma cuisine du moment. Mes efforts sont couronnés de succès : Mickaël retrouve un bel appétit et se retape assez rapidement. Il n'hésite pas à se mettre aux fourneaux, ça l'occupe.

Chaque jour, il faut anticiper les situations conflictuelles et donc l'état d'esprit de Mickaël, pour identifier ce qui pourrait l'agacer. Je suis obligée de baisser les yeux pour ne pas le provoquer, pour conserver un niveau de tension le plus bas possible.

Mickaël me fait bien sentir que je suis sa bête noire, celle qui l'a arraché à sa vie en Guyane pour le plonger dans l'enfer du sevrage. Il n'a d'évidence aucune conscience encore de ne devoir la vie sauve qu'à cet enlèvement qu'il déplore.

D'ailleurs, Mickaël n'a plus de souvenirs de ce qu'il a pu vivre au cours des dernières semaines. Il ne se souvient pas ou très peu de sa détention dans le local d'où les gendarmes l'ont extrait. Les seuls souvenirs qu'il en conserve sont des armes entrevues et la présence du dealer qu'il connaissait, et aussi celle de la vieille Chinoise qui le nourrissait patiemment à la cuillère. Celle-ci se serait mise à pleurer quand elle a appris que Mickaël était sur le point d'être transféré au Suriname pour y être supprimé. Elle aurait tenté d'infléchir son patron en le suppliant d'épargner mon garçon. Elle a pris sa défense et a rappelé combien Mickaël s'était investi en tant qu'infirmier pour sauver des vies qui leur étaient chères.

Nous apprendrons plus tard que Mickaël ne pouvait plus payer sa drogue et que les dealers s'étaient emparés de sa voiture. Pour qu'il n'aille pas se plaindre aux autorités ou aux forces de l'ordre, ou à quiconque autrement, ils l'avaient tout bonnement enlevé et séquestré, en attendant de le faire disparaître. La méthode est bien connue : transfert au Suriname, exploitation de la main-d'œuvre tant qu'il y a quelque chose à en tirer, ce qui peut durer trois à quatre mois, bien entendu sous l'emprise de la drogue, puis suppression pure et simple. C'est la raison pour laquelle Marie avait remarqué la voiture sans Mickaël et que, connaissant son faible, elle avait craint le pire.

La présence de sa grand-mère, âgée de 90 ans, apaise Mickaël. Il l'aime et la respecte profondément, il la vénère plus que tout. Elle agit comme un tampon entre lui et le reste du monde et surtout moi. Devant elle, il fait effort pour se canaliser et ne pas l'offenser.

Ma mère a toujours été très ouverte d'esprit, très tôt confrontée dans sa famille à l'homosexualité et à la drogue par exemple. Entre 1989 et 2001, Mickaël ramènera toutes sortes de mecs à la maison du Mont Soleil. Avec ma mère, nous préférions les savoir là, en sécurité, plutôt qu'ailleurs, dans des univers interlopes.

Tout au long de sa vie, elle a toujours donné beaucoup d'amour aux siens, sans porter le moindre jugement. Elle écoute Mickaël avec empathie et contribue à sa manière au protocole thérapeutique mis en place.

Elle m'écoute tout autant et je trouve chez elle l'épaule que je n'ai nulle part ailleurs et sur laquelle je m'épanche et retrouve l'énergie nécessaire pour faire face au quotidien. Elle n'hésite jamais à me réclamer de l'indulgence pour mon fils, elle éponge mes doutes et m'ouvre les yeux lorsque je demeure aveugle devant une évidence.

Tous les repas qu'il ne prend pas à l'hôpital de jour sont autant d'occasions de nous retrouver à table, ensemble, et de partager un moment somme toute convivial. Il n'hésite jamais à parler de tout et de rien. Il nous raconte sa journée, les personnes qu'il a rencontrées, en particulier les infirmières et les infirmiers qu'il a pu connaître alors qu'il travaillait dans cet hôpital tout au début de sa carrière et même pendant ses études. Seul sujet jamais abordé, toujours évité par les uns et les autres, et pour cause : la Guyane. Mickaël lit, regarde la télévision et s'adonne à son hobby préféré, la peinture.

En revanche, il ne m'accompagne pas lorsque je vais faire les courses. Il reste dans notre cocon, à l'abri de toute tentation, de toute émotion, de tout ce qui pourrait se révéler une source de contrariété.

Je prends soin de mon garçon tant bien que mal et la situation reste toujours aussi difficile à vivre. Dans ses moments sombres, Mickaël est difficile à supporter.

Un jour, Romain l'a menacé — bien sûr sans une seconde vouloir passer à l'acte — de l'emmener dans le Haut-Var et de l'abandonner là-bas, attaché à un arbre, tellement il était imbuvable cette fois-là.

Au bout de ces deux premiers mois, je sens bien que je fatigue. Nerveusement autant que physiquement. Les frictions sont permanentes et j'ai du mal à me ressourcer. Le ressentiment de Mickaël à mon endroit est toujours aussi exacerbé et se manifeste parfois violemment. Je perçois sans ambiguïté son agressivité. Le sevrage suit son cours, les produits de substitution estompent sans doute l'effet de manque, mais je vois dans les yeux de mon enfant que je demeure celle à laquelle il doit sa souffrance actuelle.

Romain craint pour moi un geste maladroit de son frère, une agression physique. Il me propose, il m'impose même de prendre

Mickaël chez lui pour nous éloigner l'un de l'autre, dans le but de nous préserver l'un et l'autre.

Avec Vincent, il accueille donc son frère chez lui, dans sa maison de La Moutonne.

Pendant à nouveau deux mois, Romain et son compagnon Vincent le gardent à la maison et sont au plus près de lui. Ils sont tous deux directifs vis-à-vis de Mickaël, ce que je n'étais sans doute pas assez. *Tu manges, tu t'habilles, tu te laves, etc.*, Mickaël doit obtempérer devant cette discipline qui s'avère salutaire. Et qu'il accepte sans broncher, ou presque.

De mon côté, je me mets totalement en retrait. Nous ne nous rencontrons qu'une fois par semaine environ, pour partager un repas en famille, uniquement chez Romain. Au cours de cette période chez son frère, Mickaël ne revient pas à la maison du Mont Soleil.

Les progrès sont au rendez-vous. Au bout de trois mois, un bilan psychiatrique très satisfaisant permet à l'équipe médicale de laisser envisager à Mickaël la reprise d'une activité professionnelle. Ce dernier se jette dans la recherche d'un emploi et parvient à se faire embaucher à l'hôpital de Hyères.

De ce moment, Mickaël va de mieux en mieux, le sevrage est terminé, il peut désormais tourner le dos à cet épisode de son existence.

En juillet, Mickaël visite son frère aîné Louis, dans le Cantal. Il tombe sous le charme de cette région et décide de s'y installer. Il prend conscience que le bord de mer qu'il a presque toujours connu ne lui convient pas. Il préfère le calme et les grands espaces verdoyants comme ceux qu'offre l'Auvergne pour combler son besoin de sérénité.

Trouver un emploi ne pose aucun problème. Dans cette région, la pénurie d'infirmiers laisse le choix du poste à pourvoir. C'est le centre hospitalier de Murat qui l'accueille pendant quelques mois, avant que Mickaël n'opte pour l'ouverture d'un cabinet d'infirmier libéral.

Quelques années plus tard, Mickaël décide de partir à nouveau, pour s'installer dans le Gers. Il se marie avec le fils d'un agriculteur du coin, dans la ferme de ses beaux-parents. Il est merveilleusement bien accueilli au sein de cette famille très unie et très bienveillante. Un mariage splendide, cent quarante-cinq personnes. Mickaël organise tout : les tentes pour mettre tout le monde à l'abri si nécessaire, tables et chaises en nombre suffisant, le tout décoré avec le plus grand goût et dans le respect des règles d'hygiène si particulières en ce temps-là. Un vrai bonheur ! simple, serein et apaisant ! Tout le monde est content de passer un tel moment.

Le lendemain, la plupart des invités sont toujours présents. C'est autant d'occasions de faire de belles rencontres, d'échanger et de s'ouvrir à d'autres univers. Le bonheur perdure !

Pour finir

Une amie a vécu une histoire de drogue avec son fils. Ils vivaient en Martinique. Il lui réclamait toujours de l'argent pour acheter sa came. Malheureusement, cette histoire s'est mal terminée. Elle n'a plus voulu alimenter ce trafic et a refusé l'argent prétendument destiné à l'achat d'un billet pour la métropole. Huit jours plus tard, son fils a été abattu. Elle n'avait pas idée de ce que pouvait être le milieu qui rongeait son fils. Il importe d'éveiller les consciences de ces parents malheureusement ignorants pour leur permettre de déchiffrer ces comportements caractéristiques avant qu'il ne soit trop tard.

En feuilletant mon album photo où sont figés mes souvenirs de la Guyane, j'ai constaté la terrible évolution de l'état de mon fils, ce que je n'avais su faire à l'époque, noyée dans l'implacable immédiateté de la situation. Dans les premières pages, on note encore sa bonne mine et son apparence enjouée. Puis cette image se dégrade pour finir par ne montrer que des yeux cernés, un visage et un corps amaigris. Il est des moments où je me demande comment j'ai pu passer à côté de cette dégradation. L'amour maternel aveuglerait-il aussi de cette manière ? On gagnerait à mieux observer et écouter nos enfants, parfois même en faisant abstraction de ce que nous susurre, nous dicte notre cœur de mère.

Avec le recul, je mesure combien il fut important d'avoir noué ces relations amicales lors de mes deux premiers voyages en Guyane. Le degré de confiance établi à ces occasions a été déterminant. Sans ça, qui m'aurait suivie de cette manière dans une telle aventure ?

Par ailleurs, j'ai eu la chance d'être entourée par des gens de bon conseil. Et tous très responsables. Je pense bien sûr aux gendarmes, puis aux médecins, et encore à tous ces intermédiaires que j'ai eus au téléphone avant le préfet lui-même.

De son côté, l'hôpital de Cayenne ne m'a pas oubliée et a su retrouver mon adresse pour me faire parvenir la facture relative à l'hospitalisation de Mickaël. C'est dans l'ordre des choses et je préfère en sourire aujourd'hui.

Rangé dans le tiroir d'une commode, quelque part chez moi, j'ai toujours ce nounours acheté par Mickaël dans l'avion qui nous a ramenés en métropole. Quand il m'arrive de l'ouvrir, je lance sans vergogne à la peluche innocente et immobile : *toi, ta gueule !*

Il faudra près de deux ans à Mickaël pour se décider à évoquer avec moi cette aventure. Ce n'est qu'à ce moment-là qu'il me remerciera de lui avoir sauvé la vie.

Il ne conserve aucun souvenir de ces deux mois d'enfer vécus à la maison du Mont Soleil. Occulte-t-il volontairement cet épisode ? Sans doute, comme une sorte de manœuvre de sauvegarde pour se préserver, lui et ceux qu'il aime, pour ne pas provoquer de situation inconfortable d'où il serait délicat de se sortir. La paix est revenue, il faut l'entretenir. Si c'est là son credo, j'y adhère sans retenue.